Sosban Fach

Argraffiad cyntaf (*first impression*): 1987
Chweched argraffiad (*fifth impression*): 2006

℗ Y casgliad a'r trefniannau hyn: Y Lolfa Cyf., 1987
© *Compilation and arrangements: Y Lolfa Cyf., 1987*

Rhif Llyfr Rhyngwladol *(ISBN)*: 0 86243 134 4

Llun y clawr blaen: trwy ganiatâd caredig S4C
Front cover photograph: courtesy of S4C
Cartŵn clawr ôl: Elwyn Ioan
Back cover cartoon: Elwyn Ioan

Argraffwyd a chyhoeddwyd yng Nghymru gan
Printed and published in Wales by
Y Lolfa Cyf., Talybont, Ceredigion SY24 5AP
e-bost ylolfa@ylolfa.com
y we www.ylolfa.com
ffôn (01970) 832 304
ffacs 832 782
isdn 832 813

Sosban Fach

30 o ganeuon clwb rygbi
30 rugby club songs

gol./ed.
Stuart Brown

DIOLCHIADAU

Mae'n amlwg na ellid cynhyrchu llyfr o'r math hwn heb gymorth nifer o bobl eraill. Diolch arbennig iawn i chi i gyd.

ACKNOWLEDGEMENTS

Obviously, a collection of this sort could not have been put together without a great deal of help. A very big thank you is due to you all—

Siwsann George, Llantrisant; Ian Bowyer, Northwich; Graham Morgan, Marcross; Mr Greening, Tonteg; Jean Pol Huellou, Wexford; Russell Jones, Brynna; Miss Dilys Watkins, Llanwrtyd; Clive Anthony, Rhydaman a Chlwb Rygbi Rhydaman; Margaret Hill, Llanwrtyd.

Rhagair

Foreword

Shw mae!

Pan gyrhaeddais i Gymru rai blynydd-oedd yn ôl, synnais fod Cymru yr un mor grefyddol ynglŷn â rygbi ag yr oedd Glasgow (bro fy mebyd) ynglŷn â chwarae pêl-droed! Ond roedd siap y bêl wedi newid! Ers hynny, mae Sgotyn fel fi wedi cyfarwyddo â'r gêmau rygbi, a'r awyrgylch a'r canu ar benwythnosau di-ri. Felly dyma ymgais i roi rhan bwysig o'r awyrgylch ar gof a chadw—awyrgylch a chaneuon sy'n perthyn nid i fyd rygbi yn unig, ond a glywir ble bynnag y mae bechgyn a merched Cymru yn cwrdd i gael noson o hwyl yn y dafarn neu'r clwb. Mae yma emynau, caneuon serch, doniol, cyfoes, caneuon yn gysylltiedig â rygbi yn y bar ar ôl y gêm. Peth trist yw gweld y math hwn o ganu yn marw, yn enwedig yn y Gymraeg. Trueni nad yw Cymry Cym-raeg wedi ateb yr alwad i gyfrannu caneuon rygbi Cymraeg ar gyfer y gyf-rol hon: gobeithio bydd y gyfrol hon yn eich ysbrydoli i'w canu beth bynnag, yn swynol ac yn uchel yn eich bröydd!

Stuart Brown

When I first arrived in South Wales some years back, one of the major differences between my new home and my native Scotland was that the Welsh are as religiously obsessed with rugby as Glaswegians are about football—only the shape of the balls are different! In Glasgow, one half of the city goes into mourning, if Rangers or Celtic have lost that day. I have of course grown accustomed to Welsh rugby matches and the atmosphere and singing which surrounds so many weekends. So here is an attempt to collect some of the songs that seemed to me to be linked with the rugby scene in South Wales, although, these songs can be heard wherever Welsh men and women gather for a "night out". I have included hymns, love songs, sardonic songs relating to rugby—the bawdy songs and verses that are sung in the bar after the game. It seems that this communal singing occurs less often now than it used to, and it was sad that so few answered my calls in newspaper and radio for specifically Welsh rugby songs in Welsh and English. But, a spark of music in a pub or club will bring the faces beaming and the melodies flowing. Let's hope that this book will do the same!

Stuart Brown

Cynnwys
Contents

1. Alouetta

Hwiangerdd Ffrengig oedd "Alouetta" yn wreiddiol; mae'r fersiwn hon yn dyddio o gyfnod yr Ail Ryfel Byd, er bod fersiynau gwahanol eto i'w clywed ar adegau!

"Alouetta" was originally a well-known French nursery rhyme, which has been bouglerised; this version dates from the Second World War although other more bawdy versions are often sung nowadays!

2. Alouetta, gentille Alouetta;
Alouetta, je te plumerai.
Je te plumerai la hotel room;
Je te plumerai la hotel room;
Hotel room, Hotel room,
Big fat blonde, Big fat blonde
Alouetta, Alouetta;
Oh!
Alouetta, gentille Alouetta;
Alouetta, je te plumerai.

3. Alouetta, gentille Alouetta;
Alouetta, je te plumerai.
Je te plumerai le double bed
Je te plumerai le double bed
Double bed, double bed
Hotel room, hotel room
Big fat blonde, big fat blonde,
Alouetta, Alouetta;
Oh!
Alouetta, gentille Alouetta;
Alouetta, je te plumerai.

4. Alouetta, gentille Alouetta;
Alouetta, je te plumerai.
Je te plumerai la knock on door;
Je te plumerai la knock on door;
Knock on door, knock on door
Double bed, double bed,
etc.

5. Alouetta, gentille Alouetta;
Alouetta, je te plumerai.
Je te plumerai le hotel detective;
Je te plumerai le hotel detective;
Hotel detective, hotel detective,
Knock on door, knock on door,
etc.

6. Alouetta, gentille Alouetta;
Alouetta, je te plumerai.
Je te plumerai la pants up quick;
Je te plumerai la pants up quick;
Pants up quick, pants up quick,
Hotel detective, hotel detective,
etc.

7. Alouetta, gentille Alouetta;
Alouetta, je te plumerai.
Je te plumerai la Short Arm Inspection;
Je te plumerai la Short Arm Inspection;
Short Arm Inspection, Short Arm Inspection,
etc.

8. Alouetta, gentille Alouetta;
Alouetta, je te plumerai.
Je te plumerai la Confined to Barracks;
Je te plumerai la Confined to Barracks;
Confined to Barracks, Confined to Barracks,
etc.

2. A—Rovin'

Cân draddodiadol Saesneg yw hon, sydd wedi cael ei newid rhyw ychydig! Dechreuodd fel cân forio. Mae hi'n adnabyddus yng Nghalifornia, hefyd. Dyma rai o'r penillion:

"A-Rovin'" is a traditional song which has been changed somewhat! It started life as a sea shanty. It is also known in California, USA. Here are some of the verses:

In Am — ster — dam there lived a maid; mark well what I do say. In Am — ster — dam, there lived a maid and she was mist — ress of her trade. I'll go no more a — rov — ing with you fair maid.

Chorus

A rov — in', a — rov — in', since rov — in's been my

ru —— in, I'll go no more a— rov ——in, with you, fair maid.

2. I put my hand upon her knee;
   Mark well what I do say.
   I put my hand upon her knee,
   She said, "Young man, you're rather free".
   I'll go no more a - rovin' with you, fair maid.

Chorus:

   A - rovin', A- rovin',
   Since rovin's been my ruin,
   I'll go no more a - rovin'
   With you fair maid.

3. I put my hand upon her thigh;
   Mark well what I do say.
   I put my hand upon her thigh,
   She said "Young man, you're rather high".
   I'll go no more a - rovin' with you, fair maid.

Chorus

4. Well, she did spend my whole year's pay;
   Mark well what I do say.
   Well, she did spend my whole year's pay,
   Then slipped her anchor and sailed away,
   I'll go no more a - rovin' with you, fair maid.

Chorus

3. Asso Asso Yogishi

Cân fodern yw "Asso Asso Yogishi", a gyfansoddwyd gan ein prif lysgennad rygbi—Max Boyce i ddathlu ymweliad tîm rygbi Siapan â Chymru.
"Asso Asso Yogishi" is a song written by the greatest of all ambassadors for Welsh rugby: Max Boyce wrote it to commemorate the visit of the Japanese rugby team to Wales.

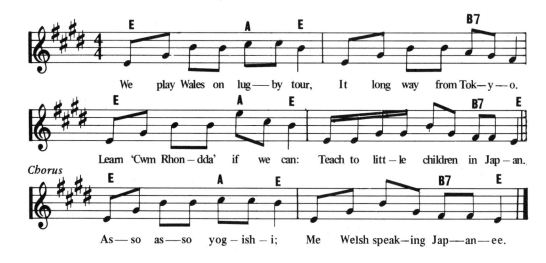

2. In Penyglaig we played first game:
   Papers say we not to blame.
   Gareth Edwards got welly long pass
   But not as long as Penyglaig grass!

   Chorus:
   Asso Asso Yogishi,
   Me Welsh speaking Japanee.

3. Western Mail say we too small:
   We can't get no ball at all.
   But we eat bamboo shoots to grow:
   Fit platform boots to second row!

   Chorus

4. But we build big new factolies,
   Filled with plastic surgeries.
   Next time we come you no laugh:
   We have nine foot outside half!

Chorus

5. Next time we come from Japan
   We'll have velly, velly seclet plan.
   Seclet plan, man, we can't wait:
   Kung Fu he train to be number eight!

Chorus

6. Tommy David, he velly big man:
   None like him out in Japan.
   But when we found out we couldn't stop
   We gave him Karate chop.

Chorus

7. When we lost we did not flown:
   Geisha girls will lub uw down.
   Gareth Edwards asked me, please
   Next time can he play for Japanese!

Chorus

8. So me buy plesent if I can
   For my wife back out in Japan;
   She opened box, find something long:
   Little Welsh doll made in Hong Kong!

Chorus

Hawlfraint/copyright International Music Publications

4. Bendigedig Fyddo'r Iesu

Pa werth fydde' noson ar ôl y gêm heb yr emynau? Yr emyn hwn, "Mawlgân", yw un o'r mwyaf poblogaidd.
What rugby sing along would be worth its salt without the hymns? This one, also called "Mawlgân", is one of the most popular.

Ben—di———ged—ig fydd—o'r Ie———su, Yr hwn sydd yn ein car——u, Ein ga—lw o'r byd a'n pryn——u, Ac yn ei waed ein gol——chi, Yn ei—ddo idd—o Ef, yn ei—ddo idd—o Ef.

Cytgan

Ha——le——liw——ia; Ha——le——liw——ia,

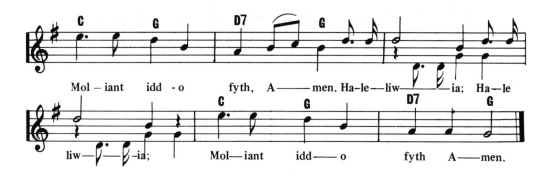

Mol – iant idd - o fyth, A——men. Ha–le—liw——ia; Ha—le

liw——ia; Mol—iant idd——o fyth A——men.

2. Bendigedig fyddo'r Iesu
   Yr hwn sydd iddo'n credu,
   A gaiff ei ras i'w nerthu;
   Mae'r hwn sydd yn gwaredu
   Yn aros fyth yr un,
   Yn aros fyth yr un.

Cytgan:

   Haleliwia, Haleliwia,
   Moliant iddo fyth, Amen.
   Haleliwia; Haleliwia;
   Moliant iddo fyth Amen.

5. Bread of Heaven

Mae'r emyn hwn wedi dod yn boblogaidd iawn yn y tafarnau a'r clybiau, yn ogystal â'r capeli! Credir i'r dôn gael ei chyfansoddi gan John Hughes, glöwr o Donteg. Sylwer nad cyfieithiad o eiriau Ann Griffiths yw'r geiriau Saesneg: y mae'n emyn hollol wahanol.

This hymn has become very popular in South Wales clubs and pubs, as well as in the chapels! The famous tune, "Cwm Rhondda" is believed to have been composed by John Hughes, a miner from Tonteg. We also print the Welsh words that now most frequently accompany the tune: striking, mystical ones by the queen of Welsh hymnwriters, Ann Griffiths.

CWM RHONDDA

2. Open now the crystal fountain,
   Whence the healing stream doth flow;
   Let the fire and cloudy pillar
   Lead me all my journey through.
   Strong deliverer, Strong deliverer,
   Be Thou still my strength and shield;
   Be Thou still my strength and shield.

3. When I tread the verge of Jordan,
   Bid my anxious fears subside;
   Death of death, and hell's destruction,
   Land me safe on Canaan's side;
   Songs and praises, Songs and praises,
   I will ever give to thee;
   I will ever give to thee.

1. Wele'n sefyll rhwng y myrtwydd
   Wrthrych teilwng o'm holl fryd.
   Er mai o ran yr wy'n adnabod
   Ei fod uwchlaw gwrthrychau'r byd.
   Henffych fore,
   Y caf ei weled fel y mae.

2. Rhosyn Saron yw ei enw,
   Gwyn a gwridog, teg o bryd.
   Ar ddeng mil y mae'n rhagori
   O wrthrychau penna'r byd.
   Ffrind pechadur,
   Dyma'r Llywydd ar y môr.

3. Beth sydd imi mwy a wnelwyf
   Ag eilunod gwael y llawr?
   Gwybod wyf nad yw eu cwmni
   I'w gystadlu â'm Iesu mawr.
   O! am aros
   Yn ei gariad ddyddiau f'oes.

6. Calon Lân

I'r person di-Gymraeg, "Calon Lân" yw'r emyn mwyaf adnabyddus o'r cyfan. Fe ddaw o draddodiad cryf y capeli a'r corau meibion.

To the non-Welshman, "Calon Lân" is the best-known Welsh hymn, taken from the still strong choral tradition of the Welsh valleys to the rugby and workingmen's club room.

Nid wy'n gof——yn bywyd moeth—us, Aur y
byd na'i ber—lau mân; Gof——yn 'rwyf am gal——on
hap—us, Cal - on on——est, cal——on lân.

Cytgan

Cal——on lân, yn llawn dai————on——i, Tec——ach
yw na'r lil—i dlos, Dim ond cal——on lân all

gan — u, can — u'r dydd a chan — u'r nos.

2. Pe dymunwn olud bydol,
    Chwim adenydd iddo sydd;
    Golud calon lân rinweddol
    Yn dwyn bythol elw fydd.

Cytgan:

Calon lân, yn llawn daioni,
Tecach yw na'r lili dlos,
Dim ond calon lân all ganu,
Canu'r dydd a chanu'r nos.

3. Hwyr a bore fy nymuniad;
    Esgyn ar adenydd cân.
    Ar i Dduw, er mwyn fy Ngheidwad,
    Roddi imi galon lân.

Cytgan

7. Did You Ever See?

Fe ddechreuodd "Did you Ever See?" fel "Y Mochyn Du", cân werin adnabyddus Gymraeg am fochyn enwog. Ychwanegodd rhyw gyfansoddwr di-enw y geiriau am Cosher Bailey (sy'n cyfeirio at Thomas Crawshay, perchennog y gwaith haearn enwog) at y dôn. Casglwyd y geiriau oddi wrth J.H.Davies, Treorci. Mae'r fersiwn fodern yn defnyddio'r pennill cyntaf o Cosher Bailey, ac wedyn gyfres o benillion dwli. Casglais y ddau bennill olaf yn Llanwrtyd ym 1984 ac ynddynt mae cyfeiriad at gymeriadau lleol. (Argraffwn y geiriau gwreiddiol yma hefyd.)

"Did you Ever See?" started life as "Y Mochyn Du", a well-known Welsh folk song about a rather remarkable pig. An unknown author added the famous Cosher Bailey lyrics (a reference to Thomas Crawshay, the hated iron owner from Merthyr Tudful). These words were collected from J.H.Davies of Treorci. The more modern version uses the first verse of Cosher Bailey, followed by various nonsense verses. The last two verses were collected in Llanwrtyd Wells in early 1984; they apparently refer to local characters, the words of which are also printed below.

2. Well, I've got an Auntie Anna,
   And she plays the grand pianna,
   She went 'ammer, 'ammer, 'ammer,
   And the neighbours said, "God Bless Her".

Chorus:
Did you ever see? Did you ever see?
Did you ever see such a funny thing before?

3. Well, the Pontypool front row
   Came upon a drift of snow,
   They shoved it down the valley,
   From Blaina to Nantyglo.

Chorus

4. I've got a cousin Daniel,
   And he's got a cocker spaniel
   If you tickle him in the middle,
   He would lift his leg and piddle.

Chorus

5. Oh, I've got a cousin Rupert,
   He plays outside half for Newport,
   And they think so much about him
   They would always play without him.

Chorus

6. Mrs. . . . from Gwenfa
   Went to Builth to buy a fender,
   And she thought so much about it,
   That she came from Builth without it.

Chorus

7. Mr. . . . from Llwynypiod,
   Told his wife, he'd grow a beard.
   So she said, "I think it's shocking
   But I've got one up my stocking! "

Y geiriau Cymraeg drosodd / Welsh words overleaf

21

Y MOCHYN DU

1. Holl drigolion bro a bryniau,
   Dewch i wrando hyn o eiriau,
   Fe gewch hanes rhyw hen Fochyn
   A fu farw yn dra sydyn.

Cytgan:
O! mor drwm yr ydym ni!
O! mor drwm yr ydym ni!
Y mae yma alar calon
Ar ôl claddu'r Mochyn Du.

2. Fe rowd mwy o faidd i'r Mochyn
   Na allasai'i fola bach e dderbyn.
   Ymhen ychydig o funudau
   Dyna'r mochyn yn mynd adre.

Cytgan

3. Gweithwyd iddo focs o dderi,
   Wedi ei drimio a'i berarogli,
   Ac fe dorrwyd bedd ardderchog
   I'r hen Fochyn yng Ngharngoediog.

Cytgan

4. Mofyn hers o Aberteifi,
   A cheffylau i'w gario i fyny,
   Y ceffylau yn llawn mwrning
   'R oll i ddangos parch i'r Mochyn.

Cytgan

5. Y Parchedig Wil Twm Griffy
   Ydoedd yno yn pregethu,
   Pawb yn sobor anghyffredin
   'R oll i ddangos parch i'r Mochyn.

Cytgan

6. Pawb yn gryno ddaethant adref,
   Oll â'u napcyn wrth eu pennau,
   Ac yn wylo'n anghyffredin,
   'R oll i ddangos parch i'r Mochyn.

Cytgan

7. Melys iawn yw cael rhyw sleisen
   O gig mochyn gyda'r daten,
   Ond yn awr rhaid byw heb hwnnw,
   Y Mochyn Du sydd wedi marw.

Cytgan

8. Bellach rydwyf yn terfynu,
   Nawr yn rhoddi heibio canu,
   Gan ddymuno peidiwch dilyn
   Siampl ddrwg wrth fwydo'r mochyn.

Cytgan

8. Dinah

Cân adnabyddus iawn, er nad yw ei gwreiddiau yn amlwg. Mae hi'n esiampl arall o fath o gân sydd â llu o benillion "crwydrol" iddi.

A very well-known song (even amongst older children!), whose origins are unclear. It is another song which leaves the singer to make up verses as s/he goes along (usually with varying degrees of crudity).

A rich girl has a lim—ou——sine, A poor girl has a van. But the on-ly time that Din-ah rides, Is when she has a man.

Chorus

Din—ah Din—ah, show us a leg, show us a leg, show us a leg Din———ah Din———ah show us a leg, A yard a——bove the knee.

2. A rich girl has a ring of gold;
   A poor girl one of brass;
   But the only ring that Dinah has,
   Is one around her . . .!

Chorus:
Dinah, Dinah, show us a leg,
Show us a leg, show us a leg.
Dinah, Dinah, show us a leg,
A yard above the knee.

3. A rich girl has a brassiere;
   A poor girl uses string;
   But Dinah uses nothing at all;
   She lets hers to swing.

Chorus

9. Here's to the Good Old Beer

Cân arall o'r "Music Hall" yw "Here's to the good old beer". Mae hi'n gân yfed go dda, yn addas iawn i far y clwb rygbi.

"Here's to the good old beer" would appear to have its roots in the Music Hall. It is a good drinking song, very appropriate to the rugby club bar.

2. Here's to the good old brandy, drink it down, drink it down.
   Here's to the good old brandy, drink it down, drink it down.
   Here's to the good old brandy,
   It makes you rather randy!
   Here's to the good old brandy,
   Drink it down.

3. Here's to the good old whisky, drink it down, drink it down.
   Here's to the good old whisky, drink it down, drink it down.
   Here's to the good old whisky,
   It makes you rather frisky!
   Here's to the good old whisky,
   Drink it down.

4. Here's to the good old port, drink it down, drink it down,
   Here's to the good old port, drink it down, drink it down.
   Here's to the good old port,
   It makes you rather hot!
   Here's to the good old port,
   Drink it down.
   etc.

10. Hymns and Arias

Fe ysgrifennodd Max Boyce "Hymns and Arias" am y daith i Twickenham, Llundain, i weld y gêm rhwng Cymru a Lloegr. Erbyn hyn, mae hi wedi datblygu bron yn ail anthem genedlaethol.
Max Boyce wrote "Hymns and Arias" to tell of the bi-annual trip by Welshmen to Twickenham, in London, to see the Wales-England match. It has almost become a competitor to "Hen Wlad fy Nhadau".

We paid our week—ly shill—ing for that Jan— u—ar—y trip: A long week-end in Lon—don, aye, with—out a bit of kip. There's a seat re——served for beer by the boys from Ab-er——carn: There's beer, pont——oon and crisps and fags and a croak—ing "Cal—on Lân". And we were

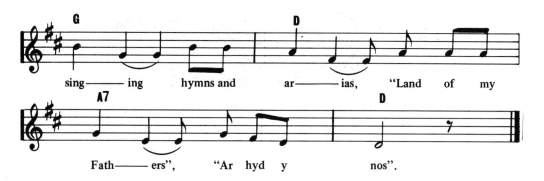

sing——ing   hymns and   ar——ias,   "Land   of   my
Fath——ers",   "Ar   hyd   y   nos".

2. Into Paddington we did roll with an empty crate of ale.
   Wil had lost at cards and now his Western Mail's for sale.
   But Wil is very happy though his money all has gone:
   He swapped five photos of his wife for one of Barry John.   *Chorus*

3: We got to Twickers early and were jostled in the crowd;
   Planted leeks and dragons, looked for toilets all around.
   So many there we couldn't budge — twisted legs and pale:
   I'm ashamed we used a bottle that once held bitter ale.   *Chorus*

4. Wales defeated England in a fast and open game.
   We sang "Cwm Rhondda" and "Delilah", damn, they sounded both the same.
   We sympathised with an Englishman whose team was doomed to fail,
   So we gave him that old bottle that once held bitter ale!

Chorus
He started singing . . .

5. So it's down to Soho for the night, to the girls with the shiny beads;
   To the funny men with lipstick on, with evil minds and deeds.
   One said to Wil from a doorway dark, damn, she didn't have much on.
   But Will knew what she wanted, aye . . . his photo of Barry John!

Chorus
'Cos she was singing . . .

Hawlfraint/copyright Maxbo Music Ltd.

11. I Bob un sy'n Ffyddlon

Emyn poblogaidd arall—â geiriau ffyrnig, dirwestol!
Another popular hymn, actually fiercely pro-temperance!

I bob un sy'n ffydd-lon, Dan ei fan—er Ef,

mae gan Ie—su gor—on fry yn nheyrn—as nef.

Llu—oedd Duw a Sat—an, sydd yn cwrdd yn awr;

Mae gan blant eu cyf—ran, yn y rhyf—el mawr.

Cytgan

I bob un sydd ffydd—lon, Dan ei fan—er Ef;

mae gan Ie——su gor—on Fry yn nheyrn—as nef.

2. Medd'dod fel Goliath,
   Heria ddyn a Duw:
   Myrdd a myrdd garchara,
   Gan mor feiddgar yw;
   Brodyr a chwiorydd
   Sy'n ei gastell prudd;
   Rhaid yw chwalu'i geyrydd,
   Rhaid cael pawb yn rhydd.

Cytgan:
I bob un sydd ffyddlon,
Dan ei faner Ef;
Mae gan Iesu goron fry
Yn nheyrnas nef.

3. Awn i gwrdd â'r gelyn,
   Bawb ag arfau glân;
   Uffern sydd i'n herbyn
   A'i phicellau tân.
   Gwasgwn yn y rhengau,
   Ac edrychwn fry;
   Concrwr byd ac angau;
   Acw sydd o'n tu.

Cytgan

12. Moliannwn

Un o ganeuon mwyaf adnabyddus Bob Roberts, Tai'r Felin, Y Bala, yw hon. Ysgrifennwyd y geiriau gan un o'r ardal honno, Benjamin Thomas, pan oedd yn yr Amerig, ac mae'r dôn yn dod o'r Amerig.
A song popularised by Bob Roberts, Bala. The words were written by Benjamin Thomas of Bala, when he was in the USA, whilst the tune belonged to what used to be called "nigger minstrels".

Nawr lanc-iau rhodd-wn glod, Y mae'r gwan-wyn we—di
dod, y gae—af a'r oer—ni a aeth hei——bio,
Daw'r coed i wis—go dail, A mwyn-iant mwyn yr
haul, a'r wŷn ar y dol—ydd i bran——cio.
Cytgan
Mol——iann—wn oll yn llon, mae ams—er gwell i

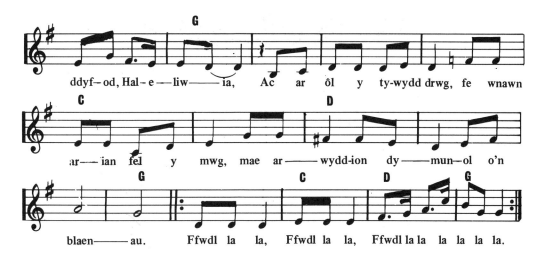

ddyf— od, Hal- e —liw———ia, Ac ar ôl y ty-wydd drwg, fe wnawn

ar——ian fel y mwg, mae ar———wydd-ion dy———mun—ol o'n

blaen———au. Ffwdl la la, Ffwdl la la, Ffwdl la la la la la la.

2 .Daw'r Robin Goch yn llon,
I diwnio ar y fron,
A Cheiliog y Rhedyn i ganu,
A chawn glywed Wiparwhîl,
A llyffantod wrth y fil,
O'r goedwig yn mwmian chwibanu.

Cytgan:

Moliannwn oll yn llon,
Mae amser gwell i ddyfod, Haleliwia,
Ac ar ôl y tywydd drwg,
Fe wnawn arian fel y mwg,
Mae arwyddion dymunol o'n blaenau.
Ffwdl la la, Ffwdl la la,
Ffwdl la la la la la la.

3. Fe awn i lawr i'r dre,
Gwir ddedwydd fydd ein lle,
A llawnder o ganu ac o ddawnsio,
A chwmpeini naw neu ddeg
O enethod glân a theg,
Lle mae mwyniant y byd yn disgleirio.

Cytgan

13. Myfanwy

Cyfansoddwyd y gân hon ar ddechrau'r ganrif gan Joseph Parry, a chyflwynodd hi i'w gariad. Yn ôl yr hanes, roedd Joseph Parry mewn cariad â Myfanwy trwy gydol ei fywyd, er iddo briodi rhywun arall, a bu farw o dor-calon yn hiraethu ar ei hôl.

Myfanwy was written by Joseph Parry in the early years of this century; it was dedicated to one of the great loves of Parry's life. I was told the story that Parry was in love with his Myfanwy for the whole of his life, despite marrying someone else, and eventually died of a broken heart.

Pa——ham mae dict—er, O Myf-an——wy, Yn llen-wi'th lygaid du-on di, A'th rudd-iau tir—ion, O Myf-an—wy, Heb wrid—o wrth fy ngwel—ed i? Pa le mae'r wên oedd ar dy wef—us, fu'n cynn—au car—iad ffydd-lon, ffôl? Pa le mae sain dy eir—iau mel—ys Fu'n den—u 'nghal-on ar dy ôl?

2. Pa beth a wneuthum, O Myfanwy,
   I haeddu gwg dy ddwyrudd hardd?
   Ai chwarae'r oeddit, O Myfanwy,
   Â thannau euraidd serch dy fardd?
   Wyt eiddo im drwy gywir amod—
   Ai gormod cadw'th air i mi?
   Ni cheisiaf fyth mo'th law, Myfanwy,
   Heb gael dy galon gyda hi.

3. Myfanwy, boed i oll dy fywyd
   Fod dan seren ddisglair ganol dydd,
   A boed i rosyn gwridog iechyd,
   I ddawnsio ganwaith ar dy rudd;
   Anghofiaist oll o'th addewidion,
   A roist i minnau, eneth ddel,
   A dyro'th law, Myfanwy dirion,
   I ddim ond dweud y gair "Ffarwel".

14. Never Wed an Old Man

"Never wed an old man"—cân werin draddodiadol, sydd wedi dod yn boblogaidd yn y clybiau rygbi, oherwydd, mwy na thebyg, y geiriau awgrymog.
A traditional song which has become popular in the rugby clubs, probably due to its suggestive lyrics.

did–dle fal–dey; He's got no fal–oor-um; He's lost his ding door–um;

maids when you're young, nev-er wed an old man.

2. When we went to the church;
   Hey ding doorum dow;
   When we went to the church
   Hey doorum dow;
   When we went to the church,
   He left me in the lurch;
   Maids when you're young,
   Never wed an old man.

3. When we went up to bed;
   Hey ding doorum dow;
   When we went up to bed;
   Hey doorum dow;
   When we went up to bed,
   He neither done nor said;
   Maids when you're young,
   Never wed an old man.

Chorus:
For he's got no faloral, faldiddle faloorum, oh!
For he's got no faloorum faldiddle faldey;
He's got no faloorum;
He's lost his ding doorum;
Maids when you're young, never wed an old man.

4. Now when he went off to sleep;
   Hey ding doorum dow;
   When he went off to sleep
   Hey doorum dow;
   When he went off to sleep,
   Out of bed I did creep.
   Into the arms
   Of a jolly young man.   *Chorus*

Chorus (for verse 4 only)
I found his falooral faldiddle faloorum, oh!
I found his faloorum faldiddle faldey;
He's found my faloorum;
He's got my ding doorum;
So maids when you're young,
Never wed an old man.

15. Oh, Sir Jasper

Mae "O, Sir Jasper" yn boblogaidd gan bawb o'r criw rygbi i'r trip Ysgol Sul, er waethaf ei phenillion twp! Y dôn yw "Glory Haleliwia".

"Oh, Sir Jasper", has become popular from rugby clubs to Sunday School trips despite its rather idiotic verse form. It is sung to the tune of "Glory Hallelujah".

la———dy, As she lay bet——ween the

sheets with noth——ing on at all.

3. Oh, Sir Jasper do not touch me (x3) !
As she lay between the sheets with nothing on at all.

4. Oh, Sir Jasper, do not touch (x3)!
As she lay between the sheets with nothing on at all.

5. Oh, Sir Jasper, do not (x3)!
As she lay between the sheets with nothing on at all.

6. Oh, Sir Jasper, do (x3)!
As she lay between the sheets with nothing on at all.

7. Oh, Sir Jasper (x3)!
As she lay between the sheets with nothing on at all.

8. Oh, Sir (x3) !
As she lay between the sheets with nothing on at all.

9. Oh (x3)!
As she lay between the sheets with nothing on at all.

10. She's a most immoral lady (x3)
As she lay between the sheets with nothing on at all.

16. Roll Me Over

Mae "Roll Me Over" yn un o'r enghreifftiau gorau o gân fformiwla, sy'n dal yn y traddodiad.
"Roll Me Over" is one of the best examples of what is called a formula song, (this is number one, and . . ., this is number two, and . . ., etc.), which still exists in the rugby tradition.

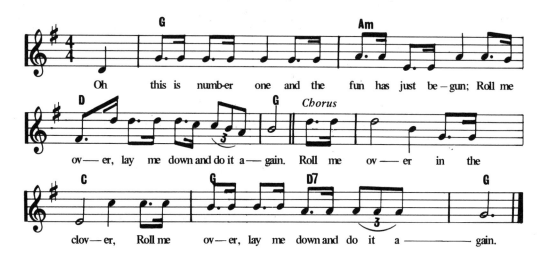

2. This is number two,
   And my hand is on her shoe;
   Roll me over, lay me down and do it again.

Chorus:
Roll me over in the clover,
Roll me over, lay me down and do it again.

3. This is number three,
   And my hand is on her knee;
   Roll me over, lay me down and do it again.

Chorus

4. This is number four,
   And we're rolling on the floor;
   Roll me over, lay me down and do it again.   *Chorus*

5. This is number five,
   And the bee is in the hive;
   Roll me over, lay me down and do it again.   *Chorus*

6. This is number six,
   And she said she liked my tricks;
   Roll me over, lay me down and do it again.   *Chorus*

7. This is number seven,
   And we're in our seventh heaven;
   Roll me over, lay me down and do it again.   *Chorus*

8. This is number eight,
   And the nurse is at the gate;
   Roll me over, lay me down and do it again.   *Chorus*

9. This is number nine,
   And the twins are doing fine;
   Roll me over, lay me down and do it again.   *Chorus*

10. This is number ten,
    And we're doing it again;
    Roll me over, lay me down and do it again.   *Chorus*

17. Sanctus

Emyn poblogaidd arall, gyda'r math o dôn sy'n arwain at greu harmonïau hyfryd.
Another popular hymn, with the sort of tune that makes for beautiful harmonies.

Glân ger—iw—biaid a ser—aff—iaid, Fyrdd o gylch yr
or—sedd fry. Mewn ol—yn—ol sein—iau di—baid,
can—ant fawl eu Har—glwydd cu. Llawn yw'r nef—oedd
o'th og—on—iant, Llawn yw'r ddae-ar dir a môr: Rhodder i—ti
fyth—ol fol—iant, Sanct-aidd, Sanct—aidd, Sanct—aidd Iôr!

2. Fyth y nef a chwydda'r moliant;
   Uwch yr etyb daear fyth—
   "Sanctaidd, sanctaidd, sanctaidd," meddant,
   "Duw y lluoedd, Nêr di-lyth."

Cytgan:
Llawn yw'r nefoedd o'th ogoniant,
Llawn yw'r ddaear, dir a môr:
Rhodder iti fythol foliant,
Sanctaidd, sanctaidd, sanctaidd Iôr!

3. Gyda'r seraff gôr i fyny,
   Gyda'r eglwys lân i lawr,
   Uno wnawn fel hyn i ganu,
   Anthem clod ein Harglwydd Mawr;

Cytgan

18. She was Poor but she was Honest

Fe ddechreuodd y gân hon yn y "Music Hall" ym 1875, a thros y blynyddoedd datblygwyd sawl fersiwn gwahanol ohoni. Poblogeiddiwyd hi gan filwyr Prydeinig yn ystod y Rhyfel Byd Cyntaf.
This song began life in the Music Halls, c1875, and has, over the years, gained several bawdy versions. It was popularised throughout the English speaking world, by British soldiers during the First World War.

She was poor but she was hon — est, Vic — tim
of a rich man's whim. First he loved her, then he left her, and she
had a child by him. It's the same the whole world
ov — er. It's the poor wot gets the blame; It's the
rich wot gets the pleas — ure, Ain't it all a bleed — ing shame?

2. See him with his hounds and horses,
   See him strutting at the club,
   While the victim of his pleasure,
   Drinks her gin inside the pub.

Chorus:
It's the same the whole world over,
It's the poor wot gets the blame;
It's the rich wot gets the pleasure,
Ain't it all a bleeding shame?

3. Then she came to London city,
   Just to hide her bleeding shame,
   But a Labour leader had her,
   Put her on the streets again.

Chorus

4. See him in the House of Commons
   Passing laws to combat crime,
   While the victim of his evil
   Walks the street at night in shame.

Chorus

5. See him riding in a carriage,
   Past the gutter where she stands;
   He has made a stylish marriage
   While she wrings her ringless hands.

Chorus

6. See him sitting in the theatre,
   In the front row with the best,
   While the girl that he has ruined
   Entertains a sordid guest.

Chorus

7. See her on the bridge at midnight,
   Throwing snowballs at the moon,
   She said "Jack, I never had it",
   But she spoke too bloody soon.

Chorus

8. See her on the bridge at midnight,
   Saying, "Farewell, blighted love";
   Then a scream, a splash, Oh goodness,
   What is she a doing of?

Chorus

9. When they dragged her from the river,
   Water from her clothes they wrung;
   And they thought that she was drownèd,
   Till her corpse got up and sang:

Chorus

10. Then there came a wealthy pimp,
    Marriage was the tale he told;
    She had no-one else to take her,
    So she sold her soul for gold.

Chorus

11. In a little country cottage,
    Where her grieving parents live;
    Though they drink the fizz
                        she sends them,
    Yet they never will forgive.

Chorus

19. The Scottish Trip

Fe ysgrifennwyd y gân hon gan Max Boyce ar fore Mawrth cyn y gêm rhwng Cymru a'r Alban. Dyma un o'i ganeuon mwyaf doniol.

Max Boyce wrote this song, one of his funniest, on the bus on the way to Scotland on a Tuesday morning before the Scotland/Wales game.

Oh, we went up to the High—lands of Scot-land, To the land of the loch and the glen. And we'll all bring our wives back a pre—sent so we can go next time a———gain! Too—ral—ay, oo-ral—ay, add——y, We went up by train and by car. When the juice of the bar—ley starts flow—ing, We all saw the game in the bar.

2. Oh, we loaded the bus up with flagons,
   And we left about twenty past seven.
   We stopped fourteen times between Neath and Bridgend:
   We were still in Glamorgan at eleven.

Chorus:
Tooralay, ooralay, addy,
We went up by train and by car.
When the juice of the barley starts flowing,
We all saw the game in the bar.

3. On the M5, Will spoke to the driver,
   He said, "Can you no stop this bus for a while? "
   He said "Man alive, we're on the M5.
   You'll have to hang on till Carlisle".

Chorus

4. Old Will he climbed out on the sun-roof
   And he stood on the bus in disgrace.
   He wasn't to know that that bridge was so low,
   But he died with a smile on his face!

Chorus

5. He was splattered all over the pavement,
   And his leek, it was stuffed down his throat.
   And I heard his friend say as they scraped Will away,
   "My ticket was inside his coat! "

Chorus

Hawlfraint/copyright International Music Publications

20. Sing Us Another One

Mae'r gân hon, fel cymaint o ganeuon rygbi eraill, wedi dod o gyfnod y "Music Hall". Ei ffurf limrig sy'n ei gwneud yn hawdd i gyfansoddi mwy o benillion iddi.

This song, like so many other rugby songs, also seems to have its roots in the "Music Hall". Its limerick verse form makes for easy composition.

There was a young la——dy named Hil——da, who went for a walk with a buil-der; He knew that he could, And he should and he would and he did and he godd—am near killed her!

That was a jol—ly good song; sing us an——oth-er one, Just like the oth-er one, sing us an——oth--er one, do.

2. There was a young lady of Cheam,
   Who crept into the vestry unseen.
   She pulled down her knickers,
   And likewise the vicar's,
   And said, "How about it, old bean? "

Chorus:
Sing us another one,
Just like the other one,
Sing us another one, do.

3. A handsome young monk in a wood,
   Told a girl she should cling to the good.
   She obeyed him, and gladly;
   He repulsed her, but sadly,
   "My dear, you have misunderstood".

Chorus

4. Rosalina, a pretty young lass,
   Had a truly magnificent ass,
   Not rounded and pink,
   As you possibly think,
   It was grey, had long ears and ate grass!

Chorus

21. Sosban Fach

Mae'r gân hon wedi teithio o Fangor i Lanwrtyd, lle cafodd ei chanu gan fyfyrwyr o Fangor, ac o'r fan 'na aeth i Lanelli. Efallai mai'r gweithwyr o Lanelli oedd yn aros yn Llanwrtyd ar y pryd a glywodd hi. Richard Davies ysgrifennodd y bennill cyntaf ym 1877, a'i newid hi ac ychwanegu eraill ym 1895.

A song which started life in Bangor and then travelled to Llanwrtyd where it was changed. It then travelled to Llanelli, where it was picked up by Llanelli Rugby Club as a sort of club song. It also served in the First World War as a marching song.

50

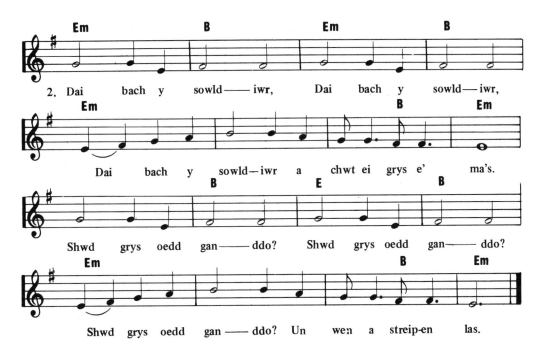

2. Dai bach y sowld——iwr, Dai bach y sowld——iwr,
Dai bach y sowld—iwr a chwt ei grys e' ma's.
Shwd grys oedd gan——ddo? Shwd grys oedd gan——ddo?
Shwd grys oedd gan——ddo? Un wen a streip-en las.

3. Mae bys Meri Ann wedi gwella,
   A Dafydd y gwas yn ei fedd.
   Mae'r baban yn y crud wedi tyfu,
   A'r gath wedi huno yn ei hedd.

   Cytgan:
   Sosban fach yn berwi ar y tân,
   Sosban fawr yn berwi ar y llawr,
   A'r gath wedi sgramo Johnny bach.

4. O! hwp 'e miwn, Dai,
   O! hwp 'e miwn, Dai,
   O! hwp 'e miwn, Dai,
   Mae'n gas 'i weld e' ma's.

i'w barhau/continued

5. Dai bach y sowldiwr,
   Dai bach y sowldiwr,
   Dai bach y sowldiwr,
   Yn ymladd dros ei wlad.

Cytgan

6. Ganith e' byth mo cwac, *me boys,*
   Ganith e' byth mo cwac, *me boys,*
   Ganith e' byth mo cwac, *me boys,*
   Yn ymladd dros 'i wlad.

Cytgan

7. Who beat the All Blacks?
   Who beat the All Blacks?
   Who beat the All Blacks?
   But good old Sosban Fach.

Cytgan

8. Who beat the Walawallabies?
   Who beat the Walawallabies?
   Who beat the Walawallabies?
   But good old Sosban Fach.

Cytgan

22. Sloop John B.

Cân draddodiadol o'r Amerig, wedi'i phoblogeiddio yn y chwedegau gan y "Beach Boys". Ers hynny daeth yn eithaf poblogaidd yn Ne Cymru.

A traditional American song, popularised by the Beach Boys in the 1960's, since when it has gained in popularity in "sing-songs" in South Wales.

We come on the sloop John B, My grand pappy and me. A-round Nass-au town we did roam; Drink-ing all night, Got into a fight; Well, I feel so broke up, I wan-na go home.

Chorus

So, hoist up the John B sail; see how the main sail sets; Call for the Cap-tain on shore; Let me go home; I wan-na go home; Well I feel so broke up, I wan-na go home.

54

2. The first mate, he got drunk;
   Got sick in the Captain's trunk;
   The Constable had to come to take him away.
   Sheriff John Stone,
   Why don't you leave me alone?
   I feel so broke up,
   I want to go home.

Chorus:
So hoist up the John B sail;
See how the main sail sets;
Call for the Captain on the shore;
Let me go home;
I want to go home;
I wanna go home;
Well I feel so broke up,
I wanna go home.

3. The poor cook, he got the fits;
   Took away all my grits;
   And then he came, and drank up all of my rum.
   Let me go home,
   I want to go home;
   This is the worst trip,
   I have ever been on.

Chorus

23. Show Me the Way to Go Home

Cân adnabyddus arall o'r "Music Hall". Fel arfer, dim ond y pennill cyntaf sy'n cael ei ganu, gyda fersiwn eithaf gwahanol yn cael ei dangos fan hyn.

Another well-known Music Hall song, of which only the first verse is usually sung. The second verse, shown below, is an anonymous attempt at intellectualising the first verse!

Show me the way to go home; I'm tired and I want to go bed, Well I had a litt-le drink ab-out an ho-ur a-go, And it's gone right to my head. Where-ev-er I may roam o'er land or sea or foam, You will al-ways hear me sing-ing this song: Show me the way to go home.

2. Indicate the way to my abode,
   I'm fatigued and I'm seeking some repose.
   I had a litibation about an hour ago,
   And it's gone right to my cerebellum.
   Wherever I may wander,
   Over land or sea or astronomical vapours.
   You can always hear me intoning this recitation,
   Indicate the way to my abode!

24. There was a Man

Casglodd Maria Jane Williams "Bugeilio'r Gwenith Gwyn" ym 1844, fel cân werin ddi-enw. Mae'r geiriau Saesneg sy'n dilyn yn enghraifft dda o'r ffordd y mae cân werin yn cael ei newid. Clywyd y pennill cyntaf yn aml ar lafar gwlad, ond casglwyd y gweddill yn Llanwrtyd yn hwyr un noswaith o ganu ym 1984.
"Bugeilio'r Gwenith Gwyn" was first published by Maria Jane Williams in 1844, as a traditional anonymous folk song. The English lyrics, which follow, are of uncertain authorship, and are a good example of how a good folk song can be altered. I heard the first verse in the valleys in the early 1980's, while the rest were collected in Llanwrtyd Wells, late one night in 1984.

2. John Henry bought a suit one day,
   He bought it on a Monday;
   John Henry wore it all the week,
   And Henry John on Sunday.
   These two sons, they bought a pig,
   And it was double-jointed;
   They took it to the blacksmith's shop,
   To have his tail re-pointed!

3. Now these two sons they bought a bike;
   They found it in the hollow;
   And everywhere the front wheel went,
   The back wheel had to follow!
   Now these two sons they died in bed,
   From eating too much jelly, *(pronounce "ll" in jelly as in Llanelli)*
   John Henry died upon his back,
   And Henry John his belly *(same as jelly)*.

BUGEILIO'R GWENITH GWYN

1. Mi sydd fachgen ieuanc ffôl
   Yn byw yn ôl fy ffansi
   Myfi'n bugeilio'r gwenith gwyn
   Ac arall yn ei fedi;
   Pam na ddeui ar fy ôl
   Ryw ddydd ar ôl ei gilydd?
   Gwaith rwy'n dy weld, y feinir fach,
   Yn lanach, lanach beunydd.

2. Glanach, glanach wyt bob dydd
   Neu fi yn wir sy'n ffolach,
   Er mwyn y gŵr a wnaeth dy wedd
   Gwna im drugaredd bellach;
   Cwn dy ben, gwêl acw draw,
   Rho imi'th law wen, dirion,
   Gwaith yn dy fynwes bert ei thro
   Mae allwedd clo fy nghalon.

i'w barhau/continued

3. Tra bo dŵr y môr yn hallt
   A thra bo 'ngwallt yn tyfu,
   A thra bo calon yn fy mron
   Mi fydda'n ffyddlon iti;
   Dywed imi'r gwir heb gêl
   A rho dan sêl d'atebion.
   P'un ai myfi neu arall, Gwen,
   Sydd orau gen dy galon.

25. Why was S/he Born so Beautiful?

Mae'r gân hon, a genir i ddwy linell gyntaf emyn-dôn adnabyddus, yn cael ei chanu fel arfer ar ben-blwydd rhywun neu ar ryw achlysur arbennig!
This chant (rather than a song), sung to the first two lines of a well-known hymn tune, is usually sung to someone on their birthday or on a special occasion!

Oh, why was s/he born so beauti — ful? Oh, why was s/he born at all? S/he's no blee-ding use to an—y—one, s/he's no bleed-ing use at all!

26. Yogi Bear

Clywais y gân hon am y tro cyntaf yng Nghlwb Rygbi Rhydaman ar y noswaith ar ôl y gêm rhwng Cymru ac Iwerddon, Mawrth 1985. Fe'i canwyd gan Clive Anthony, ond oherwydd nad oes rhegi i fod yn y clwb, gwrthododd ddweud y rheg yn y pennill olaf!
I first heard this song in Ammanford Rugby Club, on the evening after the Wales-Ireland game, in March 1985. It was sung by Clive Anthony who, due to the fact that swearing is not allowed in the club, refused to say the word in the last verse!

I've got a friend who is a bear; Yo—gi, Yo—gi;
I've got a friend who is a bear; Yo—gi, Yo—gi bear.

2. Yogi's got a little friend,
   Boo-Boo, Boo-Boo;
   Yogi's got a little friend,
   Boo-Boo, Boo-Boo Bear.

3. Yogi's got an enemy,
   Captain, Captain;
   Yogi's got an enemy,
   Captain, Captain Smith.

4. Yogi's got a girlfriend,
   Susie, Susie;
   Yogi's got a girlfriend,
   Susie, Susie bear.

5. Yogi's got no dad at all,
   B- - - - - , B- - - - -;
   Yogi's got no dad at all;
   B- - - - -, B- - - - - Bear.

27. The Wild West Show

"The Wild West Show" yw un o'r caneuon rygbi anweddus mwyaf doniol. Mae'r cytgan yn cael ei ganu a'r penillion yn rhai llafar. Y mae'n amlwg bod y canwr wedi cyfànsoddi ei benillion ei hun, er bod yna rai safonol.

"The Wild West Show" is one of the more bawdy songs. The chorus is sung, while the verses are usually spoken.

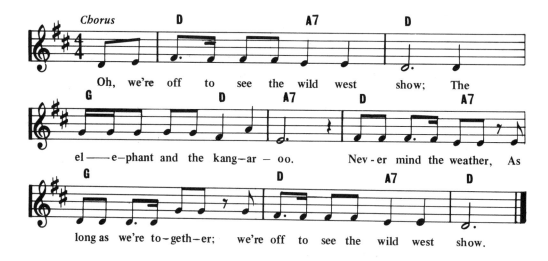

Chorus

Oh, we're off to see the wild west show; The el——e–phant and the kang–ar — oo. Nev - er mind the weather, As long as we're to–geth–er; we're off to see the wild west show.

1. Now here, ladies and gentlemen, in the first cage, we have the laughing hyena. This animal lives in the mountains, and once every year, comes down to eat. Once every two years, he comes down to drink, and once every three years, he comes down for sexual intercourse. What he has to laugh about, I don't know!

   Chorus:

Oh, we're off to see the Wild West Show;
The elephant and the kangaroo.
Never mind the weather, as long as we're together;
We're off to see the Wild West Show.

2. And in the next cage, we have the rhino sauras. This animal is reputed to
   be the richest in the world. Its name is derived from the Latin—rhino,
   meaning money, and sauras, meaning piles; hence piles of money!

Chorus

3. And in the next cage, we have the elephant. The elephant has a ginormous
   appetite. In one day, it eats two tons of hay, one dozen bananas and
   twenty buckets of rice. Madam, don't stand too near the elephant's
   bottom. Madam . . .Madam . . .MADAM!   Too late. George, dig her out!

Chorus

etc.

28. Yr Eneth Gadd ei Gwrthod

Baled sy'n boblogaidd yng Nghymru ers tua 1860. Dywedir mai stori wir am ferch o ardal Corwen yw hi.
It is said that this ballad, which has been popular since about 1860, is a true story about a girl who lived in the Corwen district. Even now apparently, people in the Corwen district refuse to sing it.

Ar lan hen af——on Ddyfr-dwy ddofn, Eist- edd— ai glân for-wy — nig; Gan ddist-aw sis-ial wrth—o'i hun, Ga- daw —yd fi yn un————ig. Heb gâr na chyf—aill yn y byd, Na char-tref chwaith fynd idd — o; Drws tŷ fy nhad sydd we – di'i gloi. Rwy'n wrth——od———ed ———ig he ———— no.

2. Mae bys gwaradwydd ar fy ôl,
   Yn nodi fy ngwendidau,
   A llanw 'mywyd wedi ei droi,
   A'i gladdu o dan y tonnau.
   Ar allor chwant aberthwyd fi,
   Do! collais fy morwyndod,
   A dyna'r achos pam yr wyf
   Fi heno wedi 'ngwrthod.

3. Ond hedeg mae fy meddwl prudd
   I fyd sydd eto i ddyfod;
   A chofia dithau, fradwr tost
   Rhaid iti fy nghyfarfod;
   Ond meddwl am dy enw di,
   A byw, sydd imi'n ormod.
   O! afon ddofn, derbynia fi,
   Caf wely ar dy waelod.

4. Ti frithyll bach sy'n chwarae'n llon,
   Yn nyfroedd glân yr afon,
   Mae gennyt ti gyfeillion fyrdd
   A noddfa rhag gelynion;
   Cei fyw a marw dan y dŵr
   Heb undyn dy adnabod
   O! na chawn innau fel tydi
   Gael marw a dyna ddarfod.

5. A bore trannoeth cafwyd ḥi
   Yn nyfroedd glân yr afon,
   A darn o bapur yn ei llaw
   Ac arno'r ymadroddion-
   "Gwnewch imi fedd mewn unig fan,
   Na chodwch faen na chofnod
   I nodi'r fan lle gorwedd llwch
   Yr eneth gath ei gwrthod".

29. Lawr ar Lan y Môr

Gorffennwn gyda dwy o'r caneuon mwyaf poblogaidd i gyd heddiw a genir mewn cynulliadau o bob math.

We end with two Welsh songs that are exceptionally popular today, the first a light, romantic one and the second, a song about a greyhound that badly needs to be fed!

Mi gwrddais i â merch fach ddel lawr ar lan y môr, lawr ar lan y môr, lawr ar lan y môr. Mi gwrddais i â merch fach ddel lawr ar lan y môr, lawr ar lan y môr. O, o, o rwy'n dy garu di, o rwy'n dy garu di, yr en – eth ar lan y môr. O, o, o rwy'n dy garu di, o rwy'n dy ga – ru di, yr en – eth ar lan y môr.

2. Gofynnais am un gusan fach
   Lawr ar lan y môr,   *(x3)*
   Gofynnais am un gusan fach
   Lawr ar lan y môr: *(x2)*

Cytgan:

3. Mi gefais i un gusan fach
   Lawr ar lan y môr,   *(x3)*
   Mi gefais i un gusan fach
   Lawr ar lan y môr: *(x2)*

Cytgan

4. Rhyw ddiwrnod fe'i priodaf hi
   Lawr ar lan y môr,   *(x3)*
   Rhyw ddiwrnod fe'i priodaf hi
   Lawr ar lan y môr: *(x2)*

Cytgan

30. Milgi Milgi

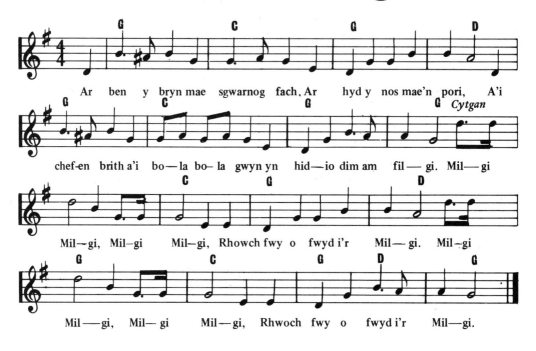

Ar ben y bryn mae sgwarnog fach, Ar hyd y nos mae'n pori, A'i chef-en brith a'i bo—la bo—la gwyn yn hid—io dim am fil—gi. Mil—gi. Mil—gi, Mil—gi Mil—gi, Rhowch fwy o fwyd i'r Mil—gi. Mil—gi Mil—gi, Mil—gi Mil—gi, Rhwoch fwy o fwyd i'r Mil—gi.

Cytgan

2. Ac wedi rhedeg tipyn, tipyn bach
   Mae'n rhedeg mor ofnadwy,
   Ac un glust lan a'r llall i lawr
   Yn dweud ffarwél i'r milgi.

Cytgan:

3. Rôl rhedeg sbel mae'r milgi chwim
   Yn teimlo'i fod e'n blino,
   A gwelir ef yn swp, yn swp ar lawr
   Mewn poenau mawr yn gwingo.

Cytgan

4. Ond dal i fynd wna'r sgwarnog fach
   A throi yn ôl i wenu
   Gan sboncio'n heini dros y bryn
   A dweud ffarwél i'r milgi.

Cytgan

31. Hen Wlad Fy Nhadau

Hon yw anthem genedlaethol Cymru. Evan James (Ieuan ap Iago) bia'r geiriau, a'i fab, James James (Iago ap Ieuan), y gerddoriaeth. Dywedir i'r mab gyfansoddi'r dôn un bore Sul yn Ionawr 1856 wrth gerdded ger glannau afon Rhondda ym Mhontypridd. Ysgrifennwyd y tri phennill gan ei dad ar y Sul hwnnw a thrannoeth.

The Welsh National Anthem was created together by a father and son. The son, James James, composed the music one Sunday morning in January 1856 while walking along the banks of the river Rhondda in Pontypridd. His father wrote the three verses on that and the following day.

Mae hen wlad fy nhadau yn an—nwyl i mi, Gwlad
beirdd a chan—tor-ion, en—wog—ion o fri. Ei gwr-ol ryf—
el—wyr, gwlad—gar—wyr tra mad, Dros ryddid coll—as-ant eu gwaed.

Cytgan
Gwlad! Gwlad! Pleid—iol wyf i'm gwlad. Tra môr yn
fur i'r bur hoff bau, O bydded i'r hen iaith bar—hau.

2. Hen Gymru fynyddig, paradwys y bardd,
   Pob dyffryn, pob clogwyn, i'm golwg sydd hardd;
   Trwy deimlad gwladgarol mor swynol yw si
   Ei nentydd, afonydd i mi.

Cytgan:

3. Os treisiodd y gelyn fy ngwlad dan ei droed,
   Mae heniaith y Cymry mor fyw ag erioed;
   Ni luddiwyd yr awen gan erchyll llaw brad,
   Na thelyn berseiniol fy ngwlad.

Cytgan

Rydym yn cyhoeddi llu o lyfrau cerdd poblogaidd. Am restr gyflawn o'n holl gyhoeddiadau, mynnwch gopi rhad o'n Catalog lliw – neu hwyliwch i mewn i'n safle ar y We Fyd-eang!

We publish a range of popular Welsh songbooks. For a full list of publications, send now for our free full-colour Catalogue – or simply surf into our Website!

Talybont, Ceredigion, Cymru SY24 5AP
e-bost ylolfa@ylolfa.com
y we www.ylolfa.com
ffôn (01970) 832 304
ffacs 832 782